Amor en Construcción

*21 actividades para fortalecer tu relación
y cultivar un vínculo sano*

JULIETA MESSINA

Julieta Messina
Amor en Construcción
21 actividades para fortalecer tu relación y cultivar un vínculo sano

Editado por Quattro Parole

Primera edición © 2023 Julieta Messina

Diseño cubierta, maquetación e ilustraciones: Cèlia Mateu Salat

ISBN: 9798865811749

_____

Amar es aceptar al otro tal y como es

A Pipo, el gran constructor del amor en mi vida
A todo mi linaje familiar
A mis amigos

CONTENIDOS

AMOR EN CONSTRUCCIÓN

En el amplio panorama de las relaciones humanas, el amor siempre ha sido esa fuerza motriz que ha impulsado nuestros corazones y nos ha desafiado a trascender los límites de lo conocido. Sin embargo, el antiguo modelo de la "pareja tradicional" está siendo cada vez más cuestionado. Bajo esta vieja estructura, el mantenimiento de las relaciones se basa en satisfacer las necesidades de un otro, muchas veces, dejando de lado las nuestras. Si tomamos esta vía, con el paso del tiempo, perdemos el sentido de quiénes somos debido a los "sacrificios" que hemos tenido que hacer para mantener el vínculo amoroso. En este proceso, muchas veces nos convertimos en alguien que no deseamos ser. A su vez, esperamos que nuestra pareja haga lo mismo por nosotros, es decir, complacernos en todo momento.

Existe otra manera de vincularnos que está tomando cada vez más fuerza en el mundo relacional: las parejas conscientes. Pero ¿qué es exactamente una pareja consciente? Una unión que nace cuando dos personas —o más— se encuentran con la intención de crecer juntas. Es solo así que podemos aventurarnos en la apasionante tarea de construir bases sólidas para una relación amorosa y sana sin la carga de pedirle al otro que nos haga felices para siempre. Ser feliz, o no serlo, depende solo de nosotros mismos.

Este libro viene a sumarse a esa voz social que pide dejar atrás los viejos paradigmas para abrazar un enfoque fresco y transformador en nuestras relaciones. *Amor en Construcción* nos revela que el verdadero amor no es estático, ni predecible, y tampoco se ajusta al mito romántico e idealizado que hemos perpetuado. Más bien, se basa en un proceso dinámico de crecimiento y evolución arraigado en el presente.

Pero eso no es todo. El viaje hacia una relación consciente requiere además que abandonemos los roles predefinidos y los estereotipos de género, abrazando una dinámica basada en la igualdad, el respeto y la comunicación abierta. Es en este espacio de vulnerabilidad compartida que podemos construir una conexión más profunda y significativa.

Estas páginas son una invitación a edificar relaciones más respetuosas, transparentes y empáticas, donde el amor se nutra constantemente y florezca a medida que nosotros mismos nos transformamos.

Amor en Construcción es una guía de 21 actividades que permiten explorar nuestras voces internas, vivir experiencias enriquecedoras, profundizar sobre la sexualidad en pareja, identificar las dificultades en el vínculo y navegar las aguas del amor como un juego compartido con alguien a quien nos atrevemos a conocer y amar en todas sus facetas. Así, el vínculo se transforma en una práctica de aceptación y presencia, abriendo nuestros corazones a zonas más vulnerables, como aquellas emociones ocultas que piden ser reveladas a través de atender a nuestros patrones infantiles de apego.

Cada una de estas actividades están diseñadas para bucear en el interior de nuestras relaciones sexoafectivas con herramientas creativas y lúdicas que funcionan además como planes para hacer en pareja. Las dinámicas de los ejercicios son originales pero tienen su base en teorías de distintos enfoques de Terapia de Pareja que fui estudiando y poniendo en práctica a lo largo de los años.

Así que, queridos lectores, os invito a sumergiros en estas páginas con mente y corazón abiertos. Preparaos para explorar nuevos horizontes, desafiar las creencias arraigadas y descubrir un amor capaz de trascender los límites autoimpuestos.

Que *Amor en Construcción* sea vuestra guía y compañero en esta maravillosa travesía hacia relaciones más auténticas y plenas.

¡Que el viaje comience!

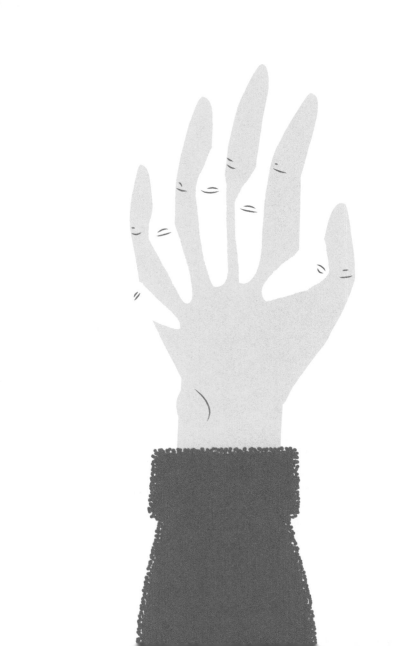

ACTIVIDAD 1

SERES COMPLEMENTARIOS

*Meditación para estrechar las diferencias
en la relación de pareja*

En esta práctica, vais a poner en valor un antiguo principio taoísta: el Yin y el Yang. Según esta filosofía, ambas energías son necesarias para mantener el equilibrio universal.

En el ámbito de la pareja, soléis ver las diferencias como obstáculos que os separan en lugar de una gran oportunidad para uniros más.

En esta actividad, vais a explorar los opuestos de la pareja y vuestras prioridades individuales para potenciar las complementariedades y unir vuestras fuerzas para hacer del vínculo una posibilidad de crecimiento y enriquecimiento personal. Será una experiencia que os permitirá profundizar en vuestra relación, descubrir nuevas formas de conexión y nutrir vuestro vínculo amoroso desde un lugar de respeto y aceptación mutua.

ACTIVIDAD

Tomad asiento con vuestra pareja con las espaldas juntas. Coged papel y bolígrafo. Cada uno, por su lado, va a escribir una *Lista de valores y prioridades*. En esta lista, tendréis en cuenta aquellos asuntos que son prioritarios en vuestra vida. Por ejemplo: el trabajo, los hijos, la confianza, el amor de la pareja, la limpieza de la casa, etc. El orden será del más importante hasta el menos importante. La honestidad es la clave de este ejercicio de transparencia.

Una vez que cada uno haya hecho su lista, os giráis y os miráis unos instantes a los ojos. De uno en uno, vais a leer al otro vuestra lista. Es muy importante que durante la lectura no haya interrupciones. Simplemente, el otro escucha sosteniendo con presencia la lista que acaba de oír.

Al finalizar los dos turnos de lectura, pasaréis al siguiente paso:
— Subrayar de las listas aquellos valores/prioridades que sean comunes (si los hay).
— Observar en qué orden de prioridad se encuentran esos "asuntos" en vuestras listas.
— Subrayar aquellos valores/prioridades que sean únicos de cada persona y que no sean compartidos por el otro.

Como equipo, vais a crear una nueva lista. Se trata de la *Lista de valores y prioridades* de vuestra pareja. Para ello, tendréis que acordar cuáles son aquellos valores que podéis mantener en un nuevo pacto de mutuo acuerdo.

Durante las próximas semanas, observaréis juntos como esa lista se hace visible en vuestra vida diaria y en las rutinas de pareja. Será una oportunidad para fortalecer vuestro vínculo y trabajar en armonía hacia una relación más alineada con valores compartidos.

REFLEXIÓN FINAL

En este ejercicio de integración, habéis dado un paso importante como pareja. Al armar una nueva lista de valores y prioridades en común y comprometeros a vivir de acuerdo con ellos, estáis construyendo cimientos sólidos para fortalecer vuestra relación. Observar como esos valores se reflejan en la vida diaria, será un recordatorio constante de vuestro compromiso compartido.

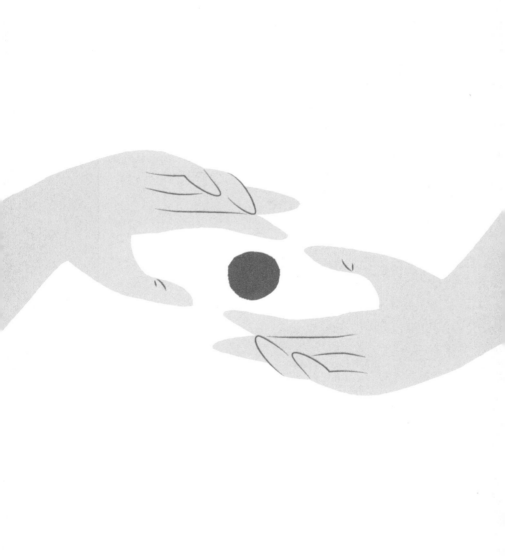

ACTIVIDAD 2

MIRADA ESPEJO

Cuestionario para indagar en vuestra percepción sobre las relaciones

La *Mirada Espejo* es un cuestionario diseñado para ayudaros a interiorizar y reflexionar sobre vuestra perspectiva hacia lo que significa estar en pareja. A través de estas preguntas, podréis explorar y comprender más profundamente vuestra visión y percepción de las relaciones.

CUESTIONARIO

1. Enumera tus desafíos personales al estar en una relación de pareja (al menos 5).
2. ¿Cuáles son los principales desacuerdos o conflictos que surgen en tus relaciones de pareja?
3. ¿Qué aspectos de estar en pareja te resultan más desafiantes o incómodos?
4. ¿Qué heridas o dolores emocionales se despiertan en ti cuando te relacionas en pareja?
5. Enumera tus cualidades más destacadas al estar en una relación de pareja (al menos 5).
6. ¿Cómo contribuyes y aportas positivamente en tus relaciones de pareja?
7. ¿Cuál es tu motivación para buscar una relación de pareja?
8. ¿Qué beneficios o impacto positivo tiene para ti el estar en una relación de pareja?

Una vez que cada miembro de la pareja haya respondido individualmente a las preguntas, es el momento de buscar un espacio para compartir y reflexionar juntos. Podéis utilizar estas preguntas como punto de partida:

— ¿Qué habéis descubierto al responder estas preguntas de forma individual?

— ¿Hay algún tema o asunto que podáis abrir en vuestra comunicación que no hayáis percibido antes?

— ¿Habéis identificado alguna discrepancia o diferencia notable entre vuestras respuestas?

— ¿Existen áreas en las que sintáis que podéis trabajar juntos para fortalecer vuestra conexión y comprensión mutua?

REFLEXIÓN FINAL

Recordad que este ejercicio de compartir es una oportunidad para fomentar la sinceridad, la empatía y el crecimiento en la relación. Escuchad activamente las experiencias y perspectivas del otro, y estad abiertos a abordar cualquier desafío o inquietud que haya surgido a través de las respuestas individuales al cuestionario.

ACTIVIDAD 3

NUESTRO LUGAR EN EL MUNDO

Reconocer el territorio emocional del vínculo

En este ejercicio, os invito a adentraros en un acto creativo y simbólico para explorar y visualizar el territorio único de vuestra relación de pareja. La idea es simple pero poderosa: coged un papel y dibujad el contorno de ese territorio, como si estuvierais trazando los bordes de un mapa. Sin embargo, no se trata solo de delinear una forma, sino de observarla con especial atención, reconociendo que estáis creando el mapa de un nuevo país: el país de vuestra relación amorosa.

ACTIVIDAD

Tomad un papel y dibujad el contorno de vuestro territorio. Prestad especial atención a la forma que tiene. Una vez que hayáis delineado la figura, observadla como vuestro país, vuestro propio territorio.

A continuación, utilizando recortes, palabras, pinturas y dibujos, expresad cómo es ese país. Reflexionad sobre su clima, el estado de ánimo que prevalece, la manera de pensar de las personas que viven allí, las diferentes edades representadas en ese lugar geográfico. Imaginad cómo funciona el sistema de trabajo, las leyes, el entorno social y cultural. ¿Qué idioma se habla? ¿Existen dogmas o creencias? ¿Se rinde culto a algo o alguien? Observad cómo se relacionan las personas entre sí. ¿Cuál es el lema de este país? ¿Cuáles son sus valores? Y, en caso de que existan, ¿cuáles son sus prohibiciones?

Al finalizar el ejercicio, tomaos unos minutos para contemplar vuestra obra/mapa. Ahora, responded a estas preguntas:

— ¿Qué dice este país acerca de vuestra relación?

— ¿Cómo podéis incorporar en vuestra pareja lo esencial de este territorio?

REFLEXIÓN FINAL

Este ejercicio os brinda una valiosa oportunidad para explorar y comprender más profundamente vuestras emociones respecto al vínculo. Al observar y reflexionar sobre la forma y los elementos presentes en vuestro mapa, podréis reconocer cómo se manifiestan vuestras emociones en la relación, identificar creencias arraigadas y áreas de crecimiento. Al tener una visión clara de estos aspectos, podéis trabajar de manera consciente en el fortalecimiento de la pareja, abordando áreas de mejora y fomentando un mayor entendimiento afectivo.

ACTIVIDAD 4

LOS MAPAS DEL AMOR
Una guía para evaluar cuánto conozco a mi pareja

El *mapa del amor* es un concepto que representa ese lugar en nuestra mente donde guardamos cuidadosamente toda la información sobre la vida de nuestra pareja: sus gustos, aficiones, miedos profundos, deseos, anhelos, amistades, valores, prioridades, asuntos familiares, experiencias importantes, hechos traumáticos, elecciones deportivas, literarias o culinarias, *hobbies* y mucho más.

Un principio fundamental para establecer relaciones de pareja emocionalmente estables, es mantener un mapa del amor completo y actualizado. Esto implica conocer en profundidad el mundo interno de nuestra pareja, con cada detalle y matiz.

Cuando compartimos nuestros mapas del amor, creamos un vínculo de complicidad que nos permite ser mutuamente felices.

CUESTIONARIO DEL MAPA DE AMOR[1]:

Por favor, leed cada afirmación y utilizad una "V" si es verdadera o una "F" si es falsa.

1. Conozco el nombre de los mejores amigos de mi pareja.
2. Se cuáles son las tensiones a las que mi pareja se enfrenta actualmente.
3. Conozco los nombres de algunas de las personas que han estado irritando a mi pareja últimamente.
4. Conozco algunos de los sueños vitales de mi pareja.
5. Conozco las creencias e ideas religiosas de mi pareja.
6. Conozco la filosofía de la vida de mi pareja.
7. Puedo hacer una lista de los familiares que menos le gustan a mi pareja.
8. Sé cuál es la música favorita de mi pareja.
9. Puedo nombrar las 3 películas favoritas de mi pareja.
10. Mi pareja conoce las tensiones que sufro actualmente.
11. Sé cuáles son los 3 momentos más especiales en la vida de mi pareja.
12. Sé cuál es el peor momento de la infancia de mi pareja.
13. Puedo nombrar las mayores aspiraciones y esperanzas de mi pareja.
14. Conozco las preocupaciones actuales de mi pareja.
15. Mi pareja sabe quiénes son mis amigos.
16. Sé lo que haría mi pareja si le tocara la lotería.
17. Puedo recordar con detalle mis primeras impresiones sobre mi pareja.
18. De vez en cuando pregunto a mi pareja sobre su mundo actual.
19. Siento que mi pareja me conoce bastante bien.
20. Mi pareja conoce mis esperanzas y aspiraciones.

---

1 Gottman, John M. y Silver, Nan 2001. *Siete reglas de oro para vivir en pareja: Un estudio exhaustivo sobre las relaciones y la convivencia*, Debolsillo.

10 O MÁS DE "V": Hay fortaleza en tu relación amorosa. Tienes un mapa de amor detallado de la vida diaria de tu pareja, sus esperanzas, miedos y sueños. Sabes lo que emociona a tu pareja y has invertido tiempo y dedicación en conocerla profundamente.

MENOS DE 10 DE "V": Tu relación puede mejorar en este aspecto. Es posible que no hayáis tenido suficiente tiempo o las herramientas necesarias para conoceros mutuamente en profundidad. También puede ser que vuestros mapas de amor se hayan quedado desactualizados a medida que vuestras vidas han ido cambiando.

REFLEXIÓN FINAL

Al explorar y actualizar vuestros mapas del amor, os sumergís en un viaje de autoconocimiento y comprensión mutua. Esto os permite profundizar en los aspectos emocionales y psicológicos de vuestra pareja, fortaleciendo vuestra conexión y construyendo una relación sólida y satisfactoria en el tiempo. Al prestar atención a estos aspectos, podéis atender mejor las necesidades emocionales fomentando así un crecimiento mutuo y una mayor estabilidad en vuestro vínculo.

ACTIVIDAD 5

TÚ Y YO, POETAS

Ejercicio para potenciar
la autoestima en la pareja

La autoestima juega un papel fundamental en las relaciones de pareja, siendo un pilar que sostiene el bienestar emocional y la conexión íntima.

Una autoestima sólida y saludable os brinda la confianza necesaria para expresar vuestras necesidades y deseos, establecer límites adecuados y comunicaros de manera asertiva. Trabajando juntos en el fortalecimiento de vuestra autoestima y fomentándola mutuamente, podréis marcar la diferencia, construyendo una base fuerte para vuestro crecimiento emocional.

ACTIVIDAD

En este ejercicio de poesía, os invito a explorar vuestra creatividad y conexión a través de las palabras. Sumergíos en revistas y periódicos, recortad esas palabras que resuenen con vuestra identidad, aquellas que os definan y os inspiren en vuestra relación de pareja. Luego, con delicadeza y pasión, organizad esas palabras en un folio en blanco, formando versos que plasmen la esencia de este vínculo. Dejad que las palabras se entrelacen y se abracen, creando una sinfonía poética que narre vuestra historia, vuestros sueños y los aspectos más valiosos de vuestro amor. Un poema de amor que cuente quién es esta pareja y que refleje aspectos de esta relación que valoráis profundamente.

Al finalizar la lectura del poema a dos voces y al crear un audio para enviarlo a vuestro compañero en momentos de conflicto, os invito a reflexionar sobre el impacto de poner vuestra relación en valor.

Observad cómo os sentís al expresar vuestra creatividad y amor a través de las palabras.
— ¿Qué os ha sucedido al realizar este ejercicio?
— ¿Han surgido emociones, reflexiones o una mayor conexión?
— ¿Es habitual para vosotros valoraros y cuidaros mutuamente en vuestra relación?
— ¿Dedicáis tiempo y atención a nutrir vuestra conexión emocional?
— Reflexionad sobre cómo podéis cultivar y fortalecer esta actitud de amor propio, reconociendo la importancia de cuidaros y apoyaros mutuamente en cada momento de vuestra vida juntos.

REFLEXIÓN FINAL

Fortalecer vuestra conexión y enfrentar los conflictos con amor y comprensión es clave para una relación plena y satisfactoria. Además, el priorizar vuestra identidad y bienestar individual dentro de la pareja ayuda también a construir cimientos sólidos. En cada paso hacia la autenticidad, creáis un vínculo más comprometido y una relación enriquecida. Valorad vuestro camino juntos y celebrad el crecimiento y la conexión diaria.

ACTIVIDAD 6

DESCIFRANDO LAS EXPECTATIVAS

Reflexiones sobre las demandas
en la relación de pareja

Todos vosotros tenéis en vuestro interior esa "lista" de aquello que os gustaría recibir de vuestra pareja tanto a nivel emocional, sexual, espiritual, material y/o económico. ¡Pues es el momento de sacarla a relucir! Reflexionemos un instante sobre todo aquello que demandáis de vuestro compañero. Pensemos en todo lo que creéis que debe aportaros, casi como un "mandato".

ACTIVIDAD

Apuntad las 10 expectativas principales que proyectáis en vuestra pareja.

1. _____
2. _____
3. _____
4. _____
5. _____
6. _____
7. _____
8. _____
9. _____
10. _____

Una vez hayáis completado vuestra lista de expectativas, os invito a leerla detenidamente y cuestionaros si lo que esperáis de vuestra pareja es algo que también podéis brindaros a vosotros mismos. Es importante reflexionar sobre cómo sería vuestra relación si, en lugar de esperar o exigir, os atrevierais a comunicar de manera directa y asertiva estas necesidades a vuestra compañera o compañero.

Como siguiente paso, elegid una de esas expectativas y realizad el ejercicio de cambiar la "exigencia" por un "pedido" explícito y amable a vuestra pareja, para ver cómo os sentís.

REFLEXIÓN FINAL

Al reflexionar sobre las expectativas en la pareja, ampliáis vuestra perspectiva y comprendéis que no solo depende del otro satisfacer vuestras necesidades. Las expectativas suelen estar influenciadas por vuestras propias carencias y experiencias pasadas. "Si espero algo y no lo obtengo tal y como lo imagino, me frustro". Comunicar de manera asertiva vuestras necesidades y deseos en la relación os ayuda a evitar dependencias emocionales y construir una conexión auténtica y responsable. Además, al explorar y cuestionar vuestras expectativas, podéis descubrir que algunas de ellas son fruto de idealizaciones o estereotipos sociales, y así abrir espacio para un enfoque más realista y flexible. Recordad que el crecimiento personal y la autoaceptación son fundamentales para establecer relaciones sanas y equilibradas, donde los miembros de la pareja se apoyen mutuamente en su camino evolutivo.

ACTIVIDAD 7

A CORAZÓN ABIERTO

*Una práctica para conectar
con los latidos de la pareja*

En la danza de las relaciones, la melodía de la conexión profunda se compone de dos voces: la propia y la de nuestra pareja. Conocer el mundo interno y las emociones de la persona que amamos es como descubrir una partitura secreta que nos invita a explorar cada nota, cada matiz, cada vibración. En este escenario de complicidad emocional, os sumergís en un viaje fascinante donde el entendimiento mutuo se convierte en la brújula que guía vuestros pasos. Al adentraros en las profundidades de las emociones de vuestra pareja, descubrís un universo lleno de matices, deseos, anhelos y temores que os permite comprenderlos en su plenitud y nutrir esa conexión especial que os une.

ACTIVIDAD

Os invito a adentraros en el palpitar del corazón de vuestra pareja. Tomad un momento para dibujar juntos en un folio el contorno de un corazón humano. En silencio, cerrad los ojos y colocad cada uno una mano en el pecho de vuestro compañero. Respirad profundamente y permitid que vuestra atención se centre en escuchar y sentir los latidos del corazón a través de la mano. Dejad que el ritmo vital de vuestra pareja os envuelva, creando una silenciosa conexión. Permaneced así durante unos 5 minutos, permitiendo que este intercambio de energía haga visible vuestro lazo emocional.

Después de esos 5 minutos, abrid lentamente los ojos. Mirad profundamente a vuestra pareja mientras retiráis vuestras manos suave y lentamente.

A continuación, planteaos las siguientes preguntas:
— ¿Qué mensaje transmiten nuestros latidos sobre esta relación de pareja?
— ¿Qué palabras definen a este amor cada vez que mi corazón late por esta unión?
— ¿Qué anhelan nuestros corazones?

Luego, tomad el dibujo en blanco con la forma de un corazón y dejad que la expresión fluya. Pintad, escribid frases significativas o utilizad diversas técnicas artísticas como el *collage*, la pintura o el bordado, dejando que vuestra creatividad se manifieste de manera espontánea. Al finalizar, deteneos a contemplar vuestra obra y permitid que el dibujo os revele, desde lo más profundo de vuestro ser, lo que esta relación de pareja siente a "corazón abierto".

REFLEXIÓN FINAL

Este ejercicio nos recuerda la importancia de conectarnos con nuestras emociones y necesidades, ya que son fundamentales para comprender y nutrir nuestro vínculo amoroso. Al escuchar los latidos de vuestros corazones, habéis dado espacio para la autenticidad y la vulnerabilidad, creando un ambiente propicio para la intimidad y la cercanía. Además, al expresar las palabras que resuenan en vuestros corazones, estáis compartiendo vuestras expectativas, deseos y necesidades de la relación. Os animo a mantener la apertura emocional y la comunicación consciente en vuestra vida diaria, sobre todo en esos momentos donde os sentís con el "corazón cerrado".

ACTIVIDAD 8

NUESTROS NIÑOS INTERIORES

Las demandas infantiles
en el universo adulto de la pareja

En cada uno de vosotros reside un niño o niña interior, con sus propias emociones, necesidades y demandas. Estos aspectos infantiles, que lleváis con vosotros a lo largo de vuestra vida, pueden manifestarse de manera sutil o llamativa en vuestras relaciones adultas. Es importante otorgarles el espacio y la atención que merecen, ya que su presencia puede influir de manera significativa en vuestras dinámicas de pareja.

ACTIVIDAD

El niño que lleváis dentro muchas veces aparece en forma de demanda ante los asuntos de pareja. Vamos a darle espacio y a escuchar a cada uno de vuestros niños para identificar cómo se sienten.

Mi niño interior ¿está triste? ¿Está contento? ¿Está confuso? Tal y como vuestros niños interiores se sientan, probablemente os sentiréis vosotros en algún nivel que quizás antes de hacer el ejercicio no habíais llegado a identificar con claridad.

Vais a dibujaros de niños. Para ello, cada uno de vosotros puede evocar una imagen personal de los 6 o 7 años de edad. Podéis crear un retrato detallado, prestando atención a la ropa, los objetos que tienen en sus manos, su estado de ánimo, el entorno en el que se encuentran y la expresión de sus rostros. Si alguno tiene dificultad para recordar su infancia, podéis imaginar cómo erais basándoos en las descripciones que habéis escuchado sobre vuestra propia niñez.

Una vez finalizado el dibujo, tomad unos minutos para observarlo y responder a estas preguntas:

— Si vuestros niños os ofrecieran un mensaje como adultos, ¿cuál sería?

— Si vuestros niños pudieran llevar a esta pareja a un momento de su infancia, ¿cuál sería?

— Si vuestros niños pudieran pedir algo a esta pareja, ¿qué pedirían?

Después de responder a estas preguntas, volved la mirada al dibujo. ¿Qué habéis descubierto o dado cuenta a través de este ejercicio?

REFLEXIÓN FINAL

Al aventuraros en el universo de vuestro niño interior, se desvela el impacto perdurable de las experiencias de contacto y cuidado en vuestra infancia. Siguiendo las teorías de John Bowlby y Mary Ainsworth sobre el apego infantil, se confirma cómo esas vivencias tempranas han moldeado vuestras formas de amar y establecer vínculos en la vida adulta. Al brindarles espacio y atención a vuestros niños internos, sentaréis las bases para una conexión más auténtica y gratificante en la relación de pareja. Este proceso de autodescubrimiento requiere valentía y disposición, pero sin duda os conducirá a una mayor comprensión de vosotros mismos y del vínculo. En este viaje compartido, descubriréis que al cuidar de vuestro propio niño interior, también estáis cuidando el corazón de vuestra pareja.

ACTIVIDAD 9

EL CAMINO

El rumbo de la relación:
Obstáculos y destino

En el camino de vuestra relación de pareja, os encontraréis con diversos obstáculos que pueden influir en su dirección y desarrollo. Estos obstáculos pueden surgir tanto de factores internos, como diferencias individuales y patrones de comportamiento, como de factores externos, como las presiones sociales y las dificultades en la comunicación. Es importante reconocer que estos bloqueos pueden estar relacionados con heridas emocionales pasadas, miedos subconscientes o expectativas poco realistas. Al explorar y comprender estos aspectos, podréis abordar los obstáculos de manera más efectiva y fomentar un crecimiento personal y mutuo en vuestra relación. Recordad que la comunicación abierta, la empatía y el trabajo en equipo son herramientas fundamentales para recorrer el "camino" y mantener vuestra relación en el rumbo deseado.

ACTIVIDAD

En esta actividad, nos embarcaremos en un viaje imaginario para explorar los obstáculos y los puntos fuertes que pueden influir en la dirección que deseamos tomar en nuestra relación de pareja. Este viaje no solo abarca un destino físico, sino también un paisaje emocional en el que podemos buscar la calma, la aceptación, la resolución de conflictos o el cambio de patrones conflictivos hacia nuevos hábitos relacionales. A través de esta exploración, podremos identificar qué obstáculos nos impiden alcanzar nuestro destino deseado y qué fortalezas podemos aprovechar para superarlos.

Vamos a comenzar la actividad cerrando los ojos. Poned música relajante para crear un ambiente propicio. Reflexionad juntos: ¿hacia dónde nos gustaría ir? ¿Cuál es hoy nuestro destino como pareja? Visualizad un camino en vuestra mente, donde estéis situados al inicio. Ese camino os lleva hacia el objetivo que deseáis alcanzar. Imaginad ahora qué encontraríais en ese camino y, sobre todo, prestad atención a los obstáculos que podrían impedir vuestro avance en esa dirección. ¿Los veis claramente? ¿Qué asuntos, personas o situaciones percibís como limitaciones en ese camino que estáis visualizando? Después de unos minutos, abrid los ojos. Tomad una cartulina o un papel grande y dad rienda suelta a vuestra creatividad. A través de la pintura y las intervenciones artísticas libres, plasmad todo aquello que hayáis visto y sentido durante la visualización. Dejad que el papel se convierta en un reflejo de vuestro camino, con todos sus obstáculos y oportunidades.

Al finalizar el ejercicio, colocad el papel en el suelo y transitad literalmente por ese camino. Lo que se busca es experimentar con todo el cuerpo cada uno de esos desafíos y dar espacio a todas las sensaciones que emerjan. Deteneos en cada obstáculo y explorad: ¿qué sentimos aquí? ¿Cómo es estar parados frente a este reto? ¿Qué emociones nos visitan?

Al llegar a la dirección deseada, a vuestro objetivo, observad desde allí el aquí y ahora de donde habéis partido. ¿Cómo se siente contemplar vuestro camino desde esta perspectiva? Tomad un folio y responded juntos a esta pregunta: ¿qué revelaciones nos ha brindado esta experiencia?

REFLEXIÓN FINAL

Durante este ejercicio, habéis tenido la oportunidad de explorar las posibles dificultades que pueden surgir en vuestra relación de pareja. Al identificar y reconocer estos desafíos, habéis dado un paso importante hacia su superación. Es importante recordar que todas las relaciones enfrentan retos, pero lo crucial radica en cómo los abordamos juntos. Al adoptar un enfoque consciente y comunicativo, estáis equipados para encontrar soluciones y desarrollar estrategias para fortalecer vuestra conexión.

ACTIVIDAD 10

ESPEJO INTERIOR
El auto reconocimiento de la pareja

Al mirarnos en el espejo, nos enfrentamos a nuestra propia imagen reflejada. Nos encontramos con nuestras virtudes, nuestras fortalezas, pero también con nuestras imperfecciones, nuestras inseguridades y nuestras limitaciones o creencias. Es en este encuentro donde podemos cultivar la aceptación y la compasión hacia nosotros mismos, entendiendo que somos seres en constante crecimiento. La autoaceptación nos brinda la libertad de ser quienes somos, sin miedo al rechazo o al juicio.

ACTIVIDAD

Parte 1

Poneos frente al espejo y dirigid vuestra mirada directamente a vuestros propios ojos durante 2 minutos y luego, a los de vuestra pareja (otros 2 minutos). Permitid que cualquier sensación o emoción que surja tenga espacio para manifestarse, sin intentar controlar nada. Simplemente dejad que vuestros ojos os miren a vosotros mismos. Este ejercicio se recomienda hacerlo en silencio, sin música de fondo.

Parte 2

Escribid en un folio "Me gusta de nosotros..." y anotad al menos 10 aspectos o características que os agraden de lo que habéis visto en esta relación reflejada en el espejo. A continuación, leed en voz alta y frente al espejo esta lista, permitiendo que vuestras palabras resuenen y se conecten con la imagen que veis reflejada.

Parte 3

Escribid en un folio "No me gusta de nosotros..." y anotad al menos 10 aspectos o características que rechacéis u os disgusten de esta relación. Luego, leed en voz alta y mirando al espejo esta segunda lista, permitiendo que vuestras palabras resuenen y se conecten con la imagen reflejada.

Parte 4

Coged los dos folios que habéis escrito y, en esta etapa de integración, vais a unificar las tres partes anteriores. Una vez más, frente al espejo, dirigid vuestra mirada a los ojos de vuestra pareja durante un minuto. Después, de forma alternada, uno de vosotros va a leer en voz alta su lista de aspectos que le gustan de esta relación, seguido por la lista de aspectos que le disgustan. Permitid que las palabras encuentren resonancia en vuestro ser mientras os enfrentáis a vuestra propia imagen reflejada.

REFLEXIÓN FINAL

¿Cómo es aceptar todas vuestras partes? La autoaceptación de la pareja implica abrazar profundamente todo lo que somos, sin tratar de cambiar lo que nos disgusta. Es un verdadero acto de afecto que abraza todos los aspectos de la relación en su totalidad. Reconocer y aceptar tanto lo que nos gusta como lo que nos disgusta en nosotros mismos y en nuestra relación, nos permite cultivar un amor auténtico y sincero. Al aceptar todas nuestras partes, creamos un espacio de comprensión y crecimiento mutuo.

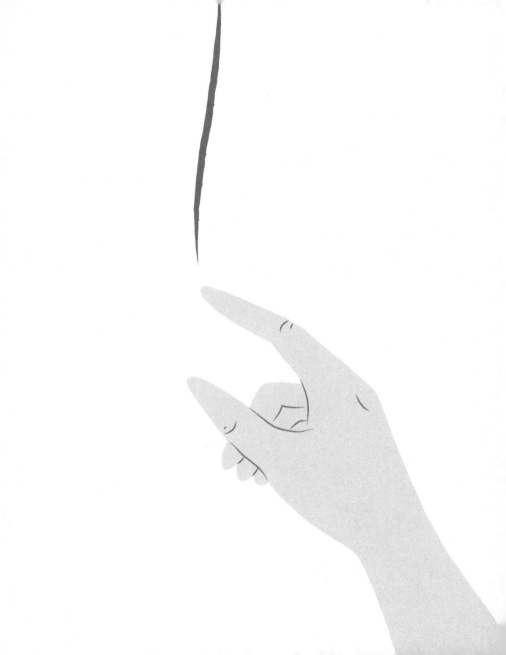

ACTIVIDAD 11

LA PIEL DEL AMOR

*Dinámica de contacto para aumentar
la sensorialidad en la pareja*

Vuestra piel, un órgano asombroso y altamente sensible, es la puerta de entrada a un mundo de sensaciones y experiencias en vuestra relación de pareja. Cada caricia, por más sencilla que parezca, tiene el poder de despertar vuestro sistema sensorial y conectaros con una energía vital única: la energía sexual. A través del contacto físico, podréis explorar y potenciar vuestro sistema sensorial, abriendo las puertas a una conexión más profunda y sentida. Permitid que vuestra piel sea el canal que os conecte con una experiencia nutritiva y os lleve a descubrir nuevas dimensiones de placer y conexión íntima.

ACTIVIDAD

La propuesta consiste en que cada uno de vosotros explore vuestros cuerpos a través del contacto mutuo. Uno de vosotros decidirá comenzar recibiendo, ubicándose en una posición cómoda y tumbado sobre una cama, sofá o alfombra, con la menor cantidad de ropa posible. Para acompañar esta práctica meditativa, podéis utilizar música relajante y aceites.

Durante aproximadamente media hora, uno de vosotros, persona A, se encargará de acariciar todas las partes del cuerpo de la otra persona, persona B, excepto los genitales. Sin embargo, antes de comenzar, ambos os sentaréis para dialogar y establecer los límites y las áreas del cuerpo que no deseáis que sean tocadas. Es importante redescubrir vuestros cuerpos como fuentes de placer, pero siempre desde el consentimiento mutuo y el respeto de los límites establecidos.

Una vez aclaradas estas premisas, comenzáis la práctica. Es fundamental que este masaje de contacto sea lento y se realice en armonía con una conexión profunda con la respiración. Persona A será quien inicie masajeando y tocando aquellas zonas del cuerpo de su pareja, persona B, que no estáis acostumbrados a explorar, como el espacio entre los dedos de los pies, las axilas, el cuero cabelludo, detrás de las rodillas, entre otras partes sensibles. Al finalizar el contacto, ambos permanecéis en silencio pero juntos durante al menos unos diez minutos, sintiendo cómo la energía fluye y ha activado diferentes áreas de vuestros cuerpos, tanto en quien dio el masaje como en quien lo recibió.

Tras ese breve intervalo, tomad conciencia de cómo percibís la zona genital y el corazón. Intentad trazar mentalmente un hilo que conecte estas dos áreas de vuestros cuerpos. ¿Qué sensaciones surgen? Abrid un espacio de diálogo para poder compartir esta experiencia.

REFLEXIÓN FINAL

Al adentrarse en esta práctica de contacto sensorial, descubriréis la sensibilidad y el potencial de vuestros cuerpos para generar placer y una conexión profunda. Vuestra piel, ese órgano tan sensible, se convierte en un puente entre vuestras energías vitales, despertando una experiencia sensorial sutil pero muy poderosa. A través del respeto mutuo y el consentimiento, exploraréis aquellas partes de vuestros cuerpos que a menudo pasan desapercibidas, redescubriendo así nuevos caminos hacia el placer y la intimidad. Os sorprenderéis al encontrar zonas que os brindarán una sensación de deleite inesperado. En este espacio de confianza y apertura, fortaleceréis vuestra comunicación y conexión como pareja. Esta experiencia os invita a valorar la importancia del contacto consciente y la escucha activa de vuestros cuerpos.

ACTIVIDAD 12

LA SERPIENTE

Despertar de la energía kundalini en la pareja

La sexualidad representa una energía sagrada, ya que está intrínseca-mente ligada a la capacidad de crear vida. Cuando vosotros despertáis lo que se conoce como la "Kundalini", se activa un flujo de energía similar a una serpiente llameante, que se inicia en el chakra base de la columna vertebral (cóccix) y asciende a lo largo de la médula espinal.

¡Vamos a activar esta energía!

ACTIVIDAD

Escoged una canción que os guste y os permita acompañar un movimiento similar al de una serpiente. Vais a iniciar el ejercicio en el suelo, conectando con la tierra. A este momento lo llamaremos "el despertar de la serpiente". Comenzad a moveros muy lentamente, manteniendo la conciencia de imaginar internamente —con los ojos cerrados— que sois ese animal.

Dejad que todos vuestros movimientos nazcan de ese estado de trance, donde moveréis todo el cuerpo al ritmo de la música: primero la cabeza, luego el cuello, el pecho, los brazos, las manos, las articulaciones, la barriga, las caderas, las piernas y los pies. (Se recomienda utilizar un antifaz para mayor concentración).

Una vez que todas estas partes estén despiertas, podréis quitaros la venda de los ojos y comenzar a moveros por el espacio, manteniendo solo el contacto visual y evitando el contacto físico por el momento.

A partir de este punto, tenéis total libertad para seguir la propuesta, siempre y cuando mantengáis la danza con todo vuestro cuerpo en acción, simulando que sois dos serpientes que se encuentran. En esta interacción, moveos impulsados por la sensación espontánea, sin que la mente intervenga en el proceso. Permitid que sea vuestro cuerpo el que guíe la danza, dejando que el movimiento surja desde adentro y no desde afuera.

Al finalizar el ritual, responderéis individualmente a estas preguntas:
— ¿En qué parte de vuestro cuerpo habéis sentido más presente esta energía de la serpiente?
— ¿Dónde menos?

En la parte donde hayáis sentido menos esta energía fluir, puede que exista un bloqueo. Volved a realizar la danza en otro momento y enfocad más tiempo en mover esa parte de vuestro cuerpo.

Compartid entre vosotros las respuestas obtenidas y tomad un momento para reflexionar de manera conjunta acerca de cómo este ejercicio ha influenciado los aspectos de vuestra conexión y seducción mutua.

REFLEXIÓN FINAL

La activación de la energía kundalini en la pareja os brinda la oportunidad de despertar una poderosa fuerza vital que se encuentra latente en vuestro interior. Al explorar y canalizar esta energía juntos, experimentáis una mayor conexión íntima, placer sexual y crecimiento espiritual, enriqueciendo así vuestra relación en todos los niveles.

ACTIVIDAD 13

OBRA MAESTRA
Dignificar el cuerpo a través de la pareja

Esta actividad se basa en la idea de que vosotros no tenéis un cuerpo, sino que *sois vuestro cuerpo*. Por lo tanto, la relación de pareja es un encuentro de dos cuerpos (o más) que se acercarán más al placer cuando se sientan cómodos con su imagen corporal. La aceptación de vuestro cuerpo influirá en el desarrollo de una autoimagen saludable y en cómo vivís vuestra sexualidad en pareja.

ACTIVIDAD

La idea es explorar vuestro cuerpo junto a vuestra pareja como el territorio que habitáis y sois. Lo haremos uno a la vez. Uno de vosotros se observará desnudo/a o en ropa interior frente a un espejo que permita contemplar su figura completa. Dedica unos momentos a observar con profundo respeto todas vuestras formas, deteniéndoos a visualizarlas con la consciencia de que sois ese cuerpo, sin juicios ni exigencias. Intentad miraros con cariño, como si por primera vez os estuvieseis observando con el asombro de un niño inocente que se sorprende al descubrirse.

Quizás identifiquéis alguna parte de vuestros cuerpos que no os acaba de gustar o que rechazáis. Poned especial atención en ella. Ahora pedid a vuestra pareja que coja un trozo de arcilla o plastilina y recubra esa zona, como si esa parte de vuestro cuerpo fuese un molde. Una vez que vuestra pareja tenga la forma de esa zona en la arcilla, vestíos y observad junto a vuestra pareja la pieza que ha obtenido de vuestra zona del cuerpo.

Ahora os pido a ambos que convirtáis ese trozo de arcilla en una obra de arte. Por ejemplo, si habéis tomado el molde de una nariz, convertid esa nariz inicial en otra pieza artística: una nariz que se convierte en el tronco de un árbol de donde nacen flores y se posan pájaros. La creación es libre. Pueden surgir incluso imágenes surrealistas. Al finalizar la obra, ponedle un título. Cuando volváis a observar esas zonas de vuestros cuerpos que no os gustaba tanto, fijaos si ha cambiado algo.

REFLEXIÓN FINAL

La actividad de la escultura del cuerpo nos invita a explorar nuestra imagen corporal desde un enfoque amoroso y creativo. Al aceptar y valorar todas las partes de nuestro cuerpo, incluso aquellas que nos generan inseguridad, podemos cultivar una autoimagen saludable. Esta práctica también fomenta la conexión y el respeto mutuo en la pareja, al involucrar a ambos en el proceso de transformar las "imperfecciones" en obras de arte. Recordemos que nuestro cuerpo es único y merece ser dignificado en su totalidad.

ACTIVIDAD 14

PLACER CON-SENTIDO

Exploración de las preferencias sexuales en la pareja

Este ejercicio fomenta la comunicación abierta y honesta sobre vuestras preferencias sexuales, promoviendo una mayor conexión y juego en la intimidad. Recuerda que cada persona es única y es importante respetar los límites y deseos de tu pareja en todo momento.

Preparad tarjetas pequeñas con cada una de las preguntas del cuestionario *Placer Con-Sentido* que se detallan a continuación.

Mezclad las tarjetas y, de manera alternada, elegid una tarjeta al azar. Una vez que tengáis la tarjeta en vuestras manos, expresad vuestra respuesta de manera creativa. Podéis actuar la respuesta, dibujarla, escribir un poema o utilizar cualquier otra forma de expresión artística que refleje vuestra preferencia.

Permitíos ser auténticos y personales en vuestras respuestas, dejando volar vuestra imaginación. Recordad mantener siempre el respeto y el consentimiento mutuo durante el ejercicio.

CUESTIONARIO

Reflexiona sobre cómo te gusta que te seduzcan.
1. ¿Cómo te gusta que te seduzcan?
2. ¿Qué acciones o gestos te resultan más excitantes o seductores?

Piensa en cómo te gusta que te eroticen.
3. ¿Qué actividades o estímulos te llevan a experimentar un mayor placer sexual?
4. ¿Qué despierta sobre todo tu erotismo?

Considera cómo te gusta que te toquen el cuerpo.
5. ¿Qué zonas te resultan especialmente sensibles o placenteras?
6. ¿De qué manera te gusta ser tocado o tocada?

Reflexiona sobre cómo te gusta que te toquen los genitales o zonas erógenas.
7. ¿Qué técnicas o estímulos te resultan más gratificantes?
8. ¿Cómo te gusta que te practiquen el sexo oral?

Identifica las partes del cuerpo que no te gustan que te toquen y las prácticas sexuales o eróticas que te incomodan o que te gustaría cambiar.
9. ¿Qué técnicas o estímulos no te resultan gratificantes?
10. ¿Qué partes del cuerpo no te gusta que te toquen?

REFLEXIÓN FINAL

Después de realizar este juego de exploración sobre las preferencias sexuales, reflexionad sobre las respuestas obtenidas. La próxima vez que tengáis un encuentro íntimo, integrad con consentimiento mutuo alguna de las preferencias mencionadas en la lista. Este ejercicio os ayudará a fortalecer la comunicación y a descubrir nuevas formas de conexión y placer en vuestra vida sexual.

ACTIVIDAD 15

HONRANDO EL FEMENINO Y/O MASCULINO

*Un ritual hacia la integración,
la intimidad y el equilibrio*

Al reconocer y honrar tanto vuestro aspecto femenino como masculino, abrís las puertas hacia una mayor comprensión de vuestra identidad y de vuestras necesidades más profundas. Esta exploración no solo tiene un impacto significativo en vuestra relación de pareja, sino también en vuestra salud psicológica y emocional. Juntos, daréis paso a una nueva dimensión de amor, confianza y plenitud en vuestra vida íntima.

Aclaración: si vosotros, como pareja, sentís que vuestra energía predominante se identifica con uno de los géneros, ya sea el femenino o el masculino, y coincidís en ello, esta práctica os invita a honrar y explorar esa conexión con vuestro género sentido. Por ejemplo, si ambos en la relación os identificáis con el femenino o con el masculino, el ejercicio que se presenta a continuación se centrará en honrar y celebrar esa energía femenina o masculina.

ACTIVIDAD

En este ejercicio, uno de vosotros tomará el rol de honrar al otro, reconociendo y celebrando su aspecto femenino o masculino. La preparación de la habitación es fundamental para crear un ambiente de disfrute y gratificación sensorial. Utilizad almohadas, telas, flores y otros elementos decorativos para crear un "trono" real. Además, preparad una bandeja con velas, aromas, frutas, chocolate, bebidas, perfumes, plumas, piedras y aceites esenciales, teniendo en cuenta los gustos de vuestra pareja.

La persona que recibe esperará fuera de la habitación, cubierta con un albornoz o pareo, preferiblemente desnuda. Mientras tanto, la persona encargada de honrar irá hacia ella, tapándole los ojos para mantener la sorpresa. Durante el ritual, es esencial prescindir de las palabras y mantener el contacto a través de los elementos preparados. Disfrutad del ejercicio como un juego, un momento de placer y gozo tanto para el que ofrece como para el que recibe.

Una vez finalizado el ritual, el que ofreció quitará el antifaz de los ojos de la pareja, permitiéndole apreciar el espacio preparado mientras observa cómo su pareja se inclina en una reverencia, reconociendo y honrando el aspecto femenino/masculino que el otro representa. Luego, podéis realizar un gesto de despedida antes de que el que ofreció salga brevemente de la habitación. El que recibió permanecerá en su "trono" y esperará unos minutos a solas para integrar este recibimiento. Después, cuando su pareja regrese, tendréis total libertad para integrar esta experiencia de manera espontánea e íntima.

REFLEXIÓN FINAL

En el camino hacia una intimidad plena, es fundamental reconocer y honrar vuestro género sentido. Sentirse hombres o mujeres va más allá de vuestra apariencia física; es una experiencia interna que merece ser valorada y respetada en vuestra relación de pareja. Al brindaros mutuamente espacio y reconocimiento para vuestro género sentido, nutrís vuestra autoestima, fortalecéis vuestra conexión emocional y construís una base sólida de confianza y aceptación. Al hacerlo, cultiváis un espacio íntimo en el que ambos os sentís plenamente realizados, aceptados y amados.

ACTIVIDAD 16

LA VOZ DE LA FANTASÍA

Un juego para potenciar los escenarios eróticos

Os invito a adentraros en el fascinante mundo de las fantasías sexuales. A diferencia del deseo sexual, que se traduce en acciones concretas, las fantasías son las historias y escenarios que podemos imaginar pero no necesariamente llevar a la práctica. Son una parte importante de nuestro imaginario erótico y desempeñan un papel intrigante, ya que nos permiten escapar del juicio moral, avivar nuestro deseo y enriquecer nuestras experiencias sexuales en la vida cotidiana y en nuestras relaciones de pareja.

ACTIVIDAD

Preparad un ambiente cómodo y tranquilo para realizar la actividad. Podéis encender velas, poner música suave o crear cualquier otra atmósfera que os ayude a relajaros y estimular vuestra imaginación.

Cada uno de vosotros tomará papel y lápiz para escribir sus propias fantasías sexuales. Es importante recordar que no hay límites ni juicios en este ejercicio, así que permitiros explorar vuestras fantasías más profundas y liberar vuestra imaginación.

Estableced un tiempo límite, por ejemplo 10 o 15 minutos, para escribirlas. Durante este tiempo, no habrá interacción verbal entre vosotros, solo os concentraréis en plasmar vuestras fantasías en papel.

Una vez finalizado el tiempo establecido, tomad un momento para releer lo que habéis escrito. Observad las emociones y sensaciones que surgen al leer vuestras fantasías y reflexionad sobre ellas.

Una vez que la lista esté hecha, uno de vosotros se tumba cómodamente mientras el otro, con una voz suave y casi susurrante, lee las fantasías como si fueran un relato en off. Es importante que quien está escuchando permita la expresión corporal de lo que va sintiendo y experimentando. Permitid que las emociones y sensaciones fluyan libremente en este momento de intimidad compartida. Después, intercambiad los roles para que ambos podáis experimentar el placer de escuchar y ser escuchados.

REFLEXIÓN FINAL

A través de esta actividad para fantasear en "primera persona", habéis explorado el poder de vuestra imaginación y su capacidad para estimular vuestra vida erótica. Al permitiros adentraros en vuestras fantasías más íntimas, habéis fortalecido la confianza y la conexión en vuestra relación. Recordad siempre el valor de la exploración y el juego en vuestra vida sexual, y cómo pueden enriquecer vuestra intimidad y plenitud el habilitar un sencillo juego de roles y personajes internos.

ACTIVIDAD 17

SEXO GENEALÓGICO

La sexualidad ancestral de la pareja

Vuestra sexualidad está conectada de alguna manera a la influencia de las mujeres y hombres que os precedieron en vuestro árbol genealógico. Los bloqueos, traumas, creencias limitantes, tabúes, experiencias hedonistas y prácticas sexuales pueden tener su origen en la historia transgeneracional de cada uno de vosotros.

Os invito a que construyáis vuestro árbol genealógico de manera única, esta vez reflejando las experiencias sexuales de vuestra familia.

ACTIVIDAD

Os pido que dibujéis, uno por vez, un mapa de vuestros ancestros, donde una línea represente vuestro linaje paterno y otra línea se abra hacia vuestro linaje materno. Comenzad consultando a vuestros familiares para recopilar información sobre las experiencias más significativas desde vuestros bisabuelos hasta vosotros.

Preguntad sobre posibles abusos, orientaciones sexuales diversas, prácticas sexuales y problemas fisiológicos relacionados con disfunciones sexuales. También incluid en esta recopilación ideas y creencias sobre el sexo, como por ejemplo "virgen hasta el matrimonio" o mandatos religiosos que hayan actuado como leyes morales en las generaciones de vuestros linajes.

Una vez tengáis vuestro árbol genealógico completo, preguntaros:
— ¿Cuál es la herencia sexual que habéis recibido de cada linaje?
— ¿Qué asuntos os resultan propios y cuáles otros habéis heredado y no os corresponden a vosotros, sino a un mandato familiar de algún abuelo/a o padre/madre?
— ¿Qué queréis adoptar y qué queréis soltar de este árbol genealógico sexual?

Esta reflexión os permitirá comprender mejor vuestra historia sexual, identificar influencias externas y decidir conscientemente qué deseáis mantener y qué deseáis dejar atrás en vuestro propio camino hacia la plenitud y el bienestar sexual.

REFLEXIÓN FINAL

A través de este ejercicio, habéis reflexionado sobre los escenarios y las herencias transgeneracionales unidas a vuestra sexualidad. Al reconocer su presencia, os permitís sanar y liberaros. Os animo a que sigáis construyendo una sexualidad consciente y amorosa, trascendiendo los patrones del pasado hacia una experiencia plena y anclada en el presente de vuestra relación de pareja.

ACTIVIDAD 18

PERSONAJES INTERNOS

Improvisación para explorar formatos de relación

En la actualidad, el universo de las relaciones afectivas ha ampliado sus fronteras, trascendiendo los límites de la monogamia tradicional. Formatos como el poliamor y las relaciones abiertas han irrumpido en escena, desafiando las convenciones y abriendo camino a nuevas formas de amar. En esta actividad, nos sumergiremos en la reflexión y la improvisación, explorando distintos personajes internos para comprender y apreciar la trascendencia de estos formatos en vuestro propio viaje de exploración y crecimiento como pareja. Descubramos juntos las infinitas posibilidades que se despliegan ante vosotros en este fascinante mundo de conexiones emocionales.

INSTRUCCIONES

Buscad un espacio tranquilo donde podáis sentaros juntos y estar cómodos. Aseguraos de tener tiempo suficiente sin interrupciones para realizar el ejercicio.

Tomad unos minutos para reflexionar en pareja sobre los diferentes formatos afectivos, como la monogamia, el poliamor, las relaciones fluidas, entre otros. Discutid las características y las dinámicas de cada uno. Hablad sobre cómo os sentís acerca de cada formato afectivo y cuáles podrían ser vuestras preferencias individuales (reales o imaginarias).

1. Diálogos improvisados

— Elegid un formato afectivo específico, como por ejemplo la monogamia.

— Representad a dos personajes o situaciones relacionados con la monogamia y comenzad a improvisar un diálogo entre vosotros.

— Utilizad el lenguaje y el tono de voz que consideréis más adecuados para representar esa dinámica de relación.

— Repetid el proceso para otros formatos afectivos, como el poliamor, las relaciones abiertas, fluidas, swingers, flexisexuales, etc. Cada vez, interpretad personajes o situaciones diferentes.

Ejemplo de diálogo para la monogamia

Personaje A

Eres mi compañero más importante en la vida. Quiero dedicar mi amor y compromiso exclusivamente a ti.

Personaje B

Me siento seguro y valorado al saber que estamos enfocados el uno en el otro. Es reconfortante tener esta estabilidad en nuestra relación.

Ejemplo de diálogo para el poliamor

Personaje A

Siento la capacidad de amar y establecer vínculos emocionales con más de una persona. Creo en la honestidad y la comunicación abierta para que todos los involucrados se sientan amados y respetados.

Personaje B

Me emociona explorar diferentes conexiones y profundizar en nuestra relación sabiendo que podemos construir un amor que abarque a más de dos personas y que también podamos experimentar en abrir nuestras relaciones sexuales.

2. Exploración y reflexión

Después de realizar los diálogos improvisados, tomad un momento para reflexionar sobre la experiencia. Compartid cómo os sentisteis al interpretar diferentes formatos afectivos y cómo creéis que se relaciona con vuestras propias preferencias y necesidades emocionales.

3. Intercambio de roles

Para profundizar en la comprensión mutua, intercambiad los roles y volved a improvisar los diálogos, pero esta vez asumiendo la perspectiva del otro formato afectivo. Observad cómo os sentís al interpretar diferentes formatos afectivos y compartid vuestras reflexiones después de esta nueva experiencia.

4. Diálogo y comprensión

Después de haber intercambiado varios roles, tened una conversación abierta y respetuosa sobre los diferentes formatos afectivos que conocéis, compartiendo vuestras opiniones, dudas y necesidades emocionales.

Practicad la escucha activa y la empatía mientras os esforzáis por comprender las perspectivas del otro. Reflexionad sobre cómo podéis aplicar este conocimiento en vuestra relación, considerando vuestros deseos, miedos y necesidades emocionales.

REFLEXIÓN FINAL

Este valiente juego de autodescubrimiento tiene un impacto significativo en vuestra seguridad vincular, ya que os impulsa a cuestionar y reevaluar vuestras creencias arraigadas sobre el amor, los patrones familiares y los conceptos de estabilidad y compromiso. Al tener la motivación de explorar y abrazar estas nuevas experiencias, creáis oportunidades para un crecimiento profundo y una conexión más auténtica con vosotros mismos y vuestra pareja, fortaleciendo así vuestra seguridad y confianza en las relaciones que construís.

ACTIVIDAD 19

EL ÁRBOL DE LA CONFIANZA
Exploración de los celos y las emociones seguras

Los celos son una emoción natural que puede surgir en las relaciones de pareja, pero, cuando no se gestionan adecuadamente, pueden generar tensiones y conflictos, o bien convertirse en aliados de otros escenarios emocionales. La confianza y la comunicación asertiva juegan un papel fundamental en el abordaje de los celos, podemos decir que es ¡el antídoto! En esta actividad, exploraréis de manera práctica y enriquecedora cómo fortalecer el diálogo enfocado en afianzar la confianza mutua y fomentar una comunicación abierta para construir relaciones más sólidas y honestas.

INSTRUCCIONES

Reunid todos los materiales necesarios: un frasco vacío, hojas de papel de colores (recortarlas con forma de hojas de árbol), lápices o bolígrafos, pegamento o cinta adhesiva. Buscad un espacio tranquilo donde podáis realizar la actividad.

1. Sentaros juntos y colocad el frasco vacío en el centro.
2. Hablad sobre las emociones seguras (alegría, gratitud, admiración, amor, etc) y los celos en vuestra relación. Cada uno puede compartir cómo se siente en relación a estos aspectos.
3. Escribid en las hojas de papel vuestras emociones seguras y celos más frecuentes, uno en cada hoja. Es importante que cada uno haga esto por separado sin que el otro vea sus hojas.
4. Colocad todas las hojas de papel en el frasco vacío, mezclándolas bien.
5. Dibujad en un papel un árbol sin hojas, solo con el tronco, las ramas y las raíces. Dejad espacio para pegar las hojas más adelante.
6. Tomad turnos para sacar una hoja del frasco y leerla en voz alta. Identificad si la hoja contiene una emoción segura o un sentimiento de celos.
7. Pegad las hojas de emociones seguras en las raíces del árbol dibujado, mientras que las hojas de celos se pegarán en las ramas.
8. Observad el árbol completo al finalizar. Observad si hay más hojas de emociones seguras o de celos.

Reflexionad juntos sobre lo que veis en el árbol.
— ¿Qué conclusión podéis sacar?
— ¿Cómo os gustaría ver vuestro árbol en el futuro?

Discutid sobre cómo trabajar en conjunto para fomentar las emociones seguras y disminuir los celos en vuestra relación.

REFLEXIÓN FINAL

A lo largo de esta actividad, habéis experimentado de manera directa cómo los celos y las emociones seguras pueden coexistir en una relación de pareja. Desde una perspectiva psicoterapéutica, es importante destacar que los celos pueden tener sus raíces en diversas causas, como experiencias pasadas, inseguridades personales o temores relacionados con la autoestima. Por otro lado, las emociones seguras están vinculadas a la confianza, el respeto y la aceptación mutua. El hecho de reconocer y expresar estas emociones, es un paso significativo hacia el crecimiento y la sanación de la pareja.

ACTIVIDAD 20

PUZZLE DE ACUERDOS
Identificación de conflictos y construcción de nuevos pactos

En el telar complejo de las relaciones de pareja, surgen conflictos como hilos entrelazados que, si no se manejan con sabiduría, pueden debilitar la trama amorosa. La clave para enfrentar los desafíos en la relación reside en la construcción de un ambiente emocional seguro y compasivo. Los conflictos, los desacuerdos, la crítica, el desprecio, la actitud defensiva y el distanciamiento emocional, erosionan la confianza y debilitan el lazo entre las parejas. La esperanza reside en la capacidad de tejer acuerdos y pactos, como si fueran piezas de un puzzle, creando hebras resistentes que fortalecen el tapiz del amor compartido.

ACTIVIDAD

Cortad una cartulina o cartón en forma de corazones y luego cortadlos por la mitad de manera que cada corazón se convierta en dos piezas de puzzle.

Identificación de Conflictos: Cada uno de vosotros tomará una mitad del corazón y escribirá en ella los conflictos o desacuerdos que hayáis experimentado en discusiones recientes.

Generación de Acuerdos: Luego de escribir los conflictos en las mitades de corazón, debéis darles vuelta y mezclarlos sobre la mesa. Ahora, tomaréis turnos para tomar una mitad de corazón al azar, leer el conflicto que está escrito y proponer una solución medible y alcanzable para ese asunto (en la mitad del corazón que quedó en blanco).

Uniendo nuestros corazones: Una vez que ambos hayáis completado las mitades de los corazones con sus soluciones, debéis unirlas para formar corazones completos, donde una mitad tiene el conflicto y la otra mitad, la solución propuesta. Podéis pegar las mitades con pegamento o cinta adhesiva, o simplemente colocarlas juntas sobre la mesa.

Construcción del *Puzzle de Acuerdos*: Colocad los corazones completos sobre la mesa. Cada corazón representa un conflicto identificado y la solución acordada para resolverlo. Ahora, ambos debéis compartir y reflexionar sobre el *Puzzle de Acuerdos*. Podéis hablar sobre cómo os sentís respecto a las soluciones propuestas, si estáis de acuerdo con ellas, si consideráis que son realistas y alcanzables, y cómo os comprometeréis a implementarlas en vuestra relación.

Consensuar Nuevos Pactos: Durante la observación del puzzle, si notáis que alguna solución no está correctamente colocada o sentís la necesidad de intercambiar alguna pieza, podéis hacerlo de manera consensuada.

Para finalizar, celebrad los nuevos pactos o acuerdos alcanzados y el esfuerzo que ambos habéis puesto para encontrar soluciones a los conflictos. Reforzad el compromiso de trabajar juntos en la construcción de una relación más armoniosa y con su foco puesto en una buena gestión de los desacuerdos. Muchas veces, los "problemas" no son el problema, sino qué hacemos frente a ellos.

REFLEXIÓN FINAL

Al concluir esta enriquecedora actividad, es momento de reflexionar sobre la importancia de generar pactos en vuestra relación de pareja. Los pactos que habéis tejido juntos, como piezas únicas de un intrincado rompecabezas, os brindan la oportunidad de encontrar puntos en común y alcanzar una conexión más profunda y significativa. Al hacerlo, no solo fortaleceréis vuestro amor compartido, sino que también cultivaréis un ambiente de respeto, empatía y crecimiento mutuo. En este camino de creación conjunta, habéis descubierto que cuando ambos estáis dispuestos a ceder, escuchar y comprender las necesidades del otro, cada pieza encaja, y el tapiz del amor adquiere una belleza única y armoniosa que solo vosotros podéis tejer.

ACTIVIDAD 21

AMOR EN CONSTRUCCIÓN
Edificando la casa de una relación sólida

En el camino del amor, la construcción de una relación sólida es fundamental para sentar los cimientos que sostendrán el vínculo de pareja. Cada ladrillo, cada detalle, cada pilar que se añade a esa estructura es vital para edificar una relación duradera y enriquecedora. Es en esta tarea de construcción donde se hace imprescindible el conocimiento y la comprensión de los pilares fundamentales que sustentan una relación saludable y consciente. Autores como John Gottman y Sue Johnson, entre otros, nos brindan valiosas perspectivas sobre la importancia de cultivar la amistad, la intimidad, la comunicación efectiva, la confianza y el compromiso en las relaciones sexoafectivas.

ACTIVIDAD

Imaginad una casa especial que simbolice vuestra relación de pareja. Dibujad el plano de vuestra *Casa del Amor* en el papel, con las siguientes habitaciones: *Cariño y Admiración, Acercamiento y Contacto, Manejo del Conflicto, Economía, Comunicación, Metas y Sueños Compartidos, Sentido de Trascendencia, Confianza, Compromiso, Hijos y/o proyecto de familia.*
Cada habitación representa un pilar importante de vuestra relación. Etiquetad cada habitación con su nombre correspondiente. Diseñad a gusto la forma de cada espacio según lo que represente para vosotros.
Una vez dibujado el plano, reflexionad sobre cómo queréis decorar cada ambiente y qué elementos simbólicos podrían representar el significado de cada habitación. Pensad en colores, texturas, objetos, personas o símbolos que inspiren la esencia de cada pilar. Tomad el tiempo necesario para dibujar y decorar cada sector con total libertad e inspiración para expresar vuestra visión.

Una vez que hayáis completado el plano de la *Casa del Amor*, observad el resultado final. Este diseño simboliza vuestra relación y conexión mutua. Tomad un momento para observar vuestro plano de este *Amor en Construcción*.
— ¿Hay alguna habitación que necesite una reforma o una re-adaptación?
— ¿Consideráis la necesidad de una habitación extra o tal vez unir algunas que están algo separadas?

Discutid cómo podéis seguir construyendo vuestra *Casa del Amor* de manera que se ajuste a vuestras necesidades y deseos, ya que sois los verdaderos arquitectos de este vínculo único y hecho a medida.

REFLEXIÓN FINAL

Que vuestra *Casa del Amor* sea un espacio único y sagrado donde crezcáis juntos, superéis los desafíos y disfrutéis de una relación sólida y duradera. Que sea un lugar donde siempre encontréis los recursos para seguir construyendo una verdadera relación capaz de sostenerse en el tiempo. Y en caso de que decidáis seguir caminos separados, que esta *casa* sea testigo de una despedida respetuosa y acuerdos que tomen en cuenta a todas las partes involucradas, como una forma de honrar el tiempo que habéis compartido juntos en este camino evolutivo que llamamos **vida**.

Printed in Great Britain
by Amazon

33283237R00059